의문사로 배우는

언어치료 워크북

2 어떻게?

글 _ 이효진
· 대구대학교 재활산업학과 석사과정

글 _ 김정완
· 대구대학교 언어치료학과 교수

글 _ 류효정
· 자람아동발달연구소 소장

의문사로 배우는
언어치료 워크북
2 어떻게?

초판발행 2016년 5월 27일
초판 3쇄 2019년 1월 11일

지은이 이효진 · 김정완 · 류효정
그린이 박보배밋나
펴낸이 채종준
기 획 조가연
편 집 박미화
디자인 이효은
마케팅 황영주

펴낸곳 한국학술정보(주)
주 소 경기도 파주시 회동길 230(문발동)
전 화 031-908-3181(대표)
팩 스 031-908-3189
홈페이지 http://ebook.kstudy.com
E-mail 출판사업부 publish@kstudy.com
등 록 제일산-115호(2000. 6. 19)

ISBN 978-89-268-7436-3 14370
       978-89-268-7432-5 (전5권)

75
human
therapy

의문사로 배우는

언어치료 워크북

이효진 · 김정완 · 류효정 지음

2 어떻게?

이담
Books

아이들은
자라면서

인지 및 언어능력이 발달함에 따라 다양한 의문사를 습득하게 됩니다. 이러한 의문사를 활용한 질문들은 아동 언어치료 현장에서 언어 및 인지발달을 촉진시킬 수 있는 효과적인 도구로 사용되고 있습니다.

의문사 형태의 의미를 제대로 습득하지 못한 아동들의 경우, 여러 가지 의문사 질문에 대해 자기가 알고 있는 의문사 형태로만 대답하는 양상을 보이게 됩니다. 정상 발달 아동의 경우, '무엇(목적격)', '누구(목적격)', '어디서', '왜', '언제'의 순서로 의문사를 이해하게 되는데, 지적장애 아동들의 경우 그림 조건에서 '무엇', '누구', '왜'에 대한 이해가 좀 더 높아지는 경향이 있습니다.

따라서 그림을 제시하고 여러 가지 격조사와 태를 이용한 문형의 구성을 통해 언어발달지체 아이들을 훈련하는 것은 좀 더 다양한 맥락 안에서 활발하게 의문사를 이해하고 적절한 대답을 산출할 수 있도록 도와줍니다. 『의문사로 배우는 언어치료 워크북』(전5권)이 아이들의 일상생활 속에서 의문사를 이해하고 사용하는 데 도움이 되길 바랍니다.

 이 책을 내면서   05

✏️ 이렇게 사용하세요   08

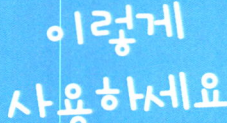

이렇게
사용하세요

본 책에서는 "어떻게 해야 할까?"와
"기분이 어떨까?"라는 두 가지 유형의 질문을 통해
순차적으로 다음에 일어날 일을 파악하거나
문제에 대한 해결방법을 생각하여 말해보게 합니다.
또한 특정 사건이나 상황에서 느낄 수 있는
감정들을 파악하고 표현해보게 합니다.
학습을 시작하기에 앞서, 여러 가지 기분상태나 감정
(예 실망, 당황, 좌절, 놀람 등)에 대해 아동과 이야기를 나눈 후,
해당 감정상태에 붙일 수 있는 표현 어휘들을 알아봅니다.
거울을 보면서 아동이 그 얼굴 표정을
지어보게 하는 것도 도움이 됩니다.

시행방법

1_ 자료를 복사해서 나눠줍니다.

2_ 그림을 함께 보면서 치료사는 질문을 읽어줍니다. 아동이 정확한 구어 반응을 할 수 있도록 치료사는 구조화시켜 줍니다.

3_ 아동이 정확한 대답을 한 후에 아동 스스로 복사한 자료에 입모양을 그려 넣어 보도록 합니다.

4_ 오반응 또는 무반응 시, 정확한 반응이 나오도록 반복해서 질문을 합니다.

어떻게

01

집에 불이 났어.
어떻게 해야 할까?

어떻게

02

같은 반 준호가 지나가고 있어.
어떻게 해야 할까?

어떻게

03

마트에서 장을 보고 왔어.
물건들을 어떻게 해야 할까?

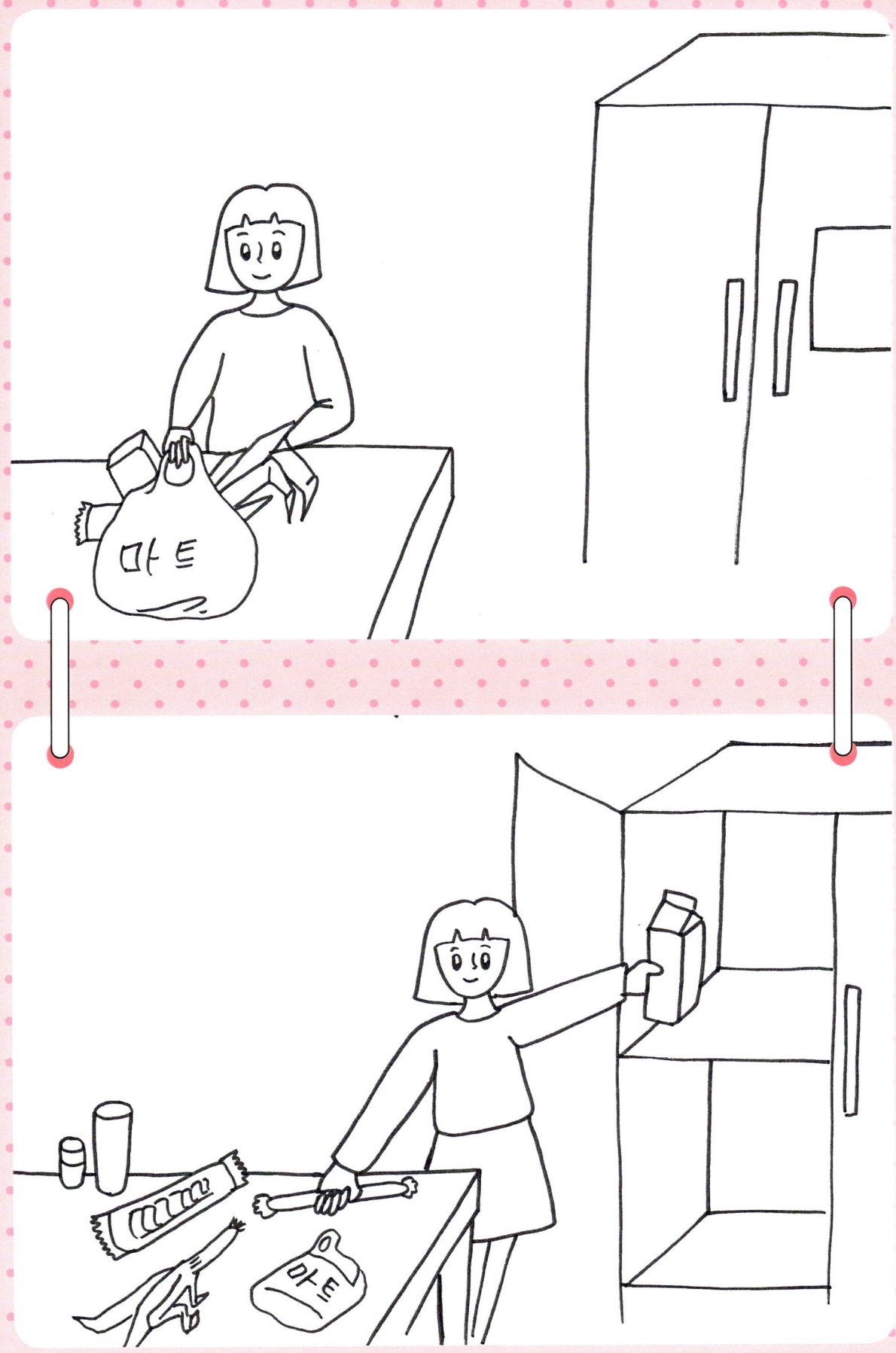

어떻게

04

사탕을 사려고 가게에 왔어.
고르고 난 후 어떻게 해야 할까?

어떻게

05

블록놀이를 하고 있어.
다 끝나고 나면 어떻게 해야 할까?

어떻게

?

06

글씨를 쓰다가 연필심이 부러졌어.
어떻게 해야 할까?

어떻게

07

학교에 불이 나서
화재경보기가 울리고 있어.
어떻게 해야 할까?

어떻게

08

막대사탕을 먹을 거야.
다 먹고 난 후에 어떻게 해야 할까?

어떻게

09

새로운 CD를 샀어.
노래를 들으려면 어떻게 해야 할까?

어떻게

10

쿠키가 다 구워졌어.
어떻게 해야 할까?

어떻게

11

물이 뜨거워서 식히고 싶어.
어떻게 해야 할까?

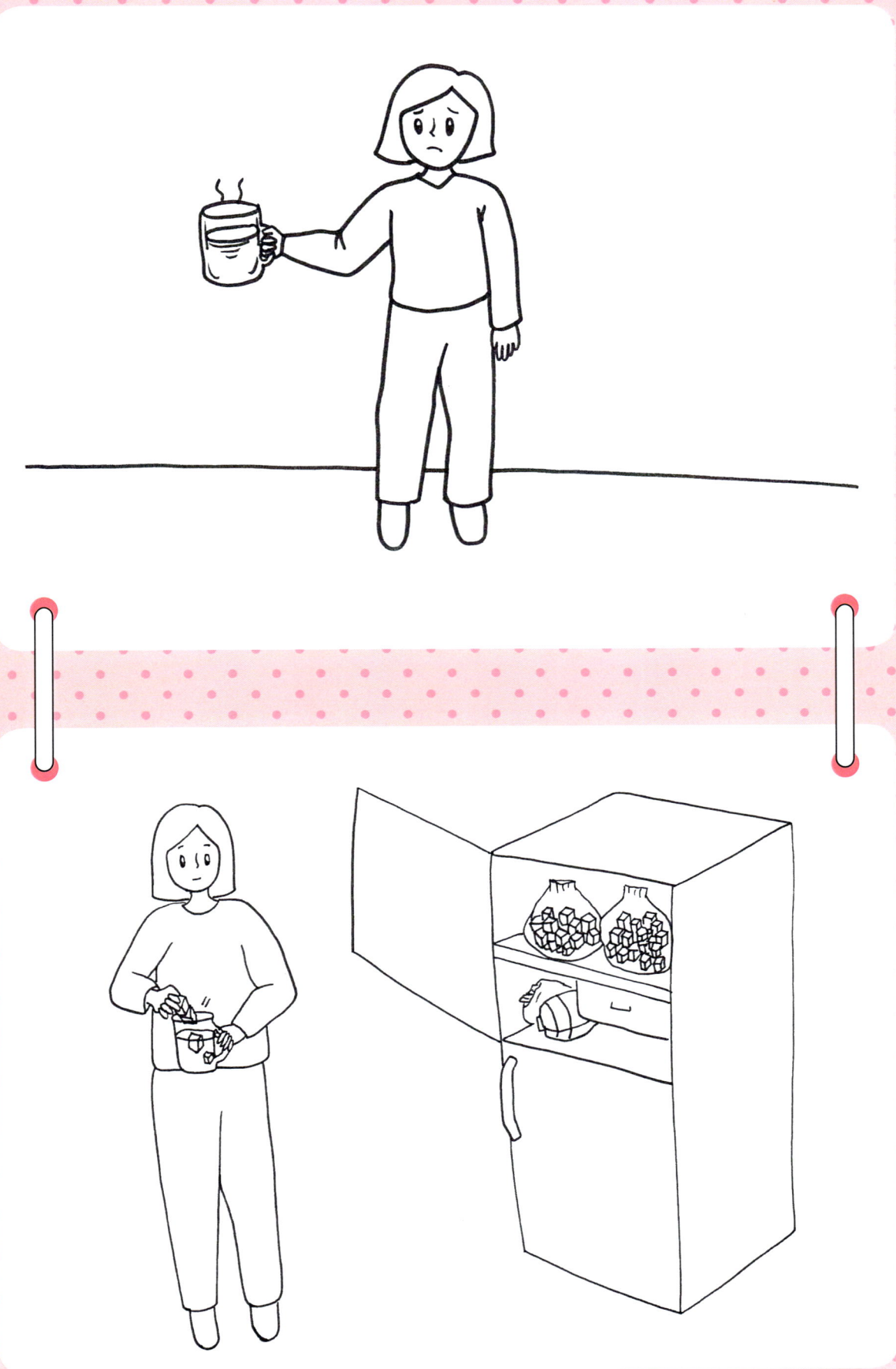

어떻게

12

아이가 놀이공원에서
혼자 울고 있어.
어떻게 해야 할까?

어떻게

13

차가 고장이 나서 연기가 나고 있어.
어떻게 해야 할까?

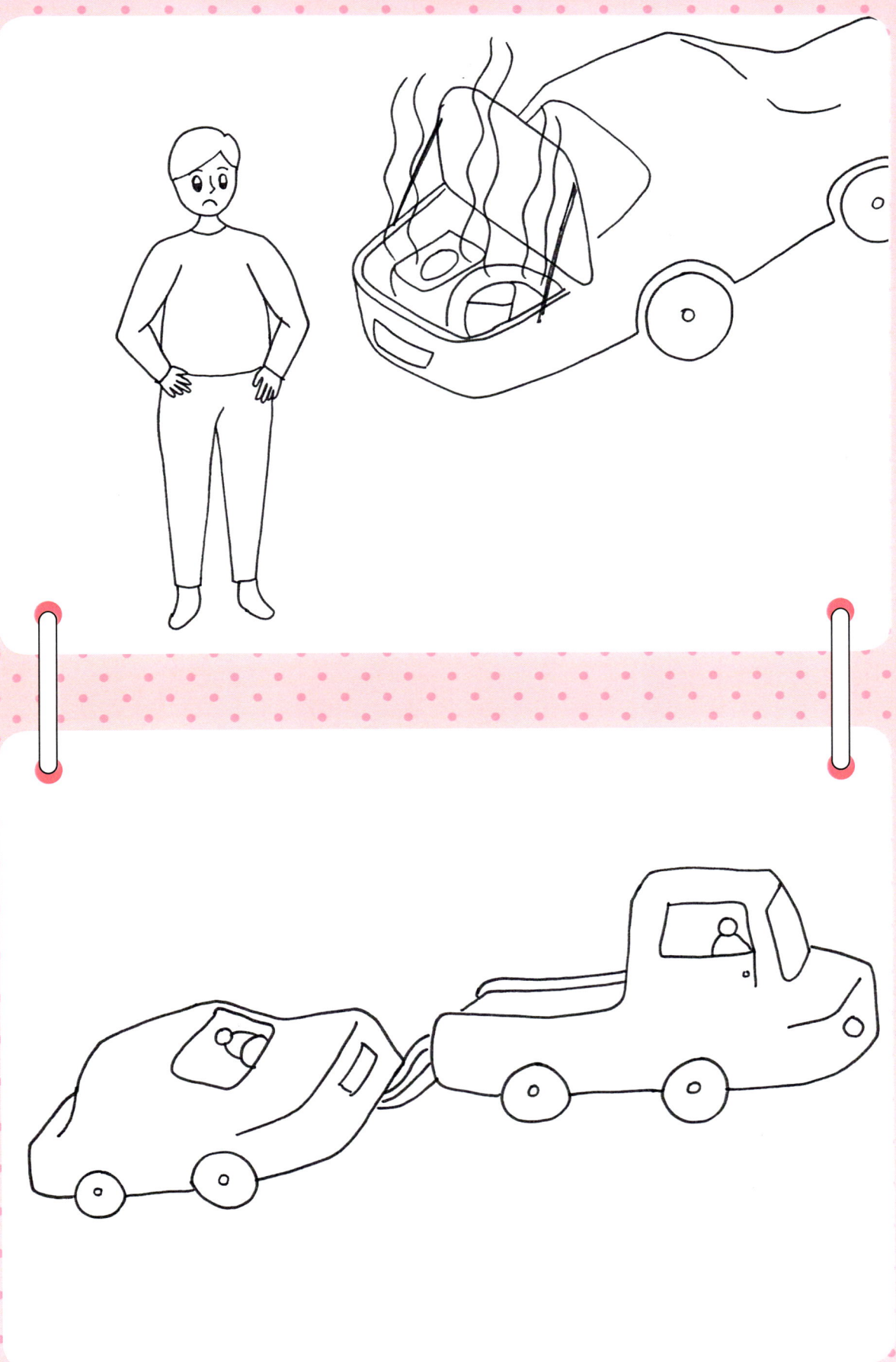

어떻게

전자레인지에 우유를 넣고 돌렸는데
시간이 다 되어서 소리가 나.
그 다음 어떻게 해야 할까?

어떻게

15

이가 너무 아파.
어떻게 해야 할까?

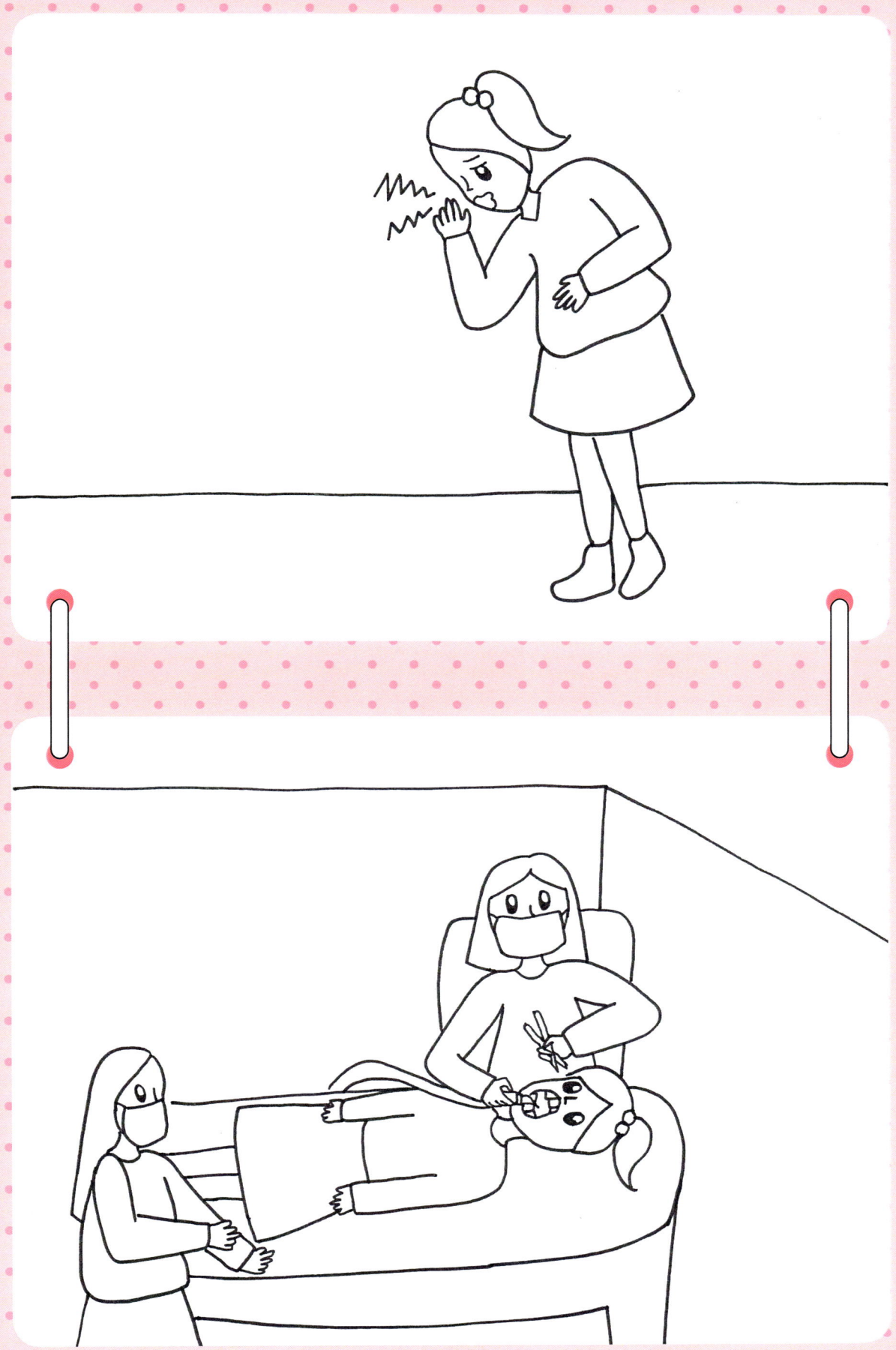

어떻게

? 16

놀이공원에서 놀고 싶어.
어떻게 해야 들어갈 수 있을까?

어떻게

17

금방 산 아이스크림이
바닥으로 떨어졌어.
기분이 어떨까?

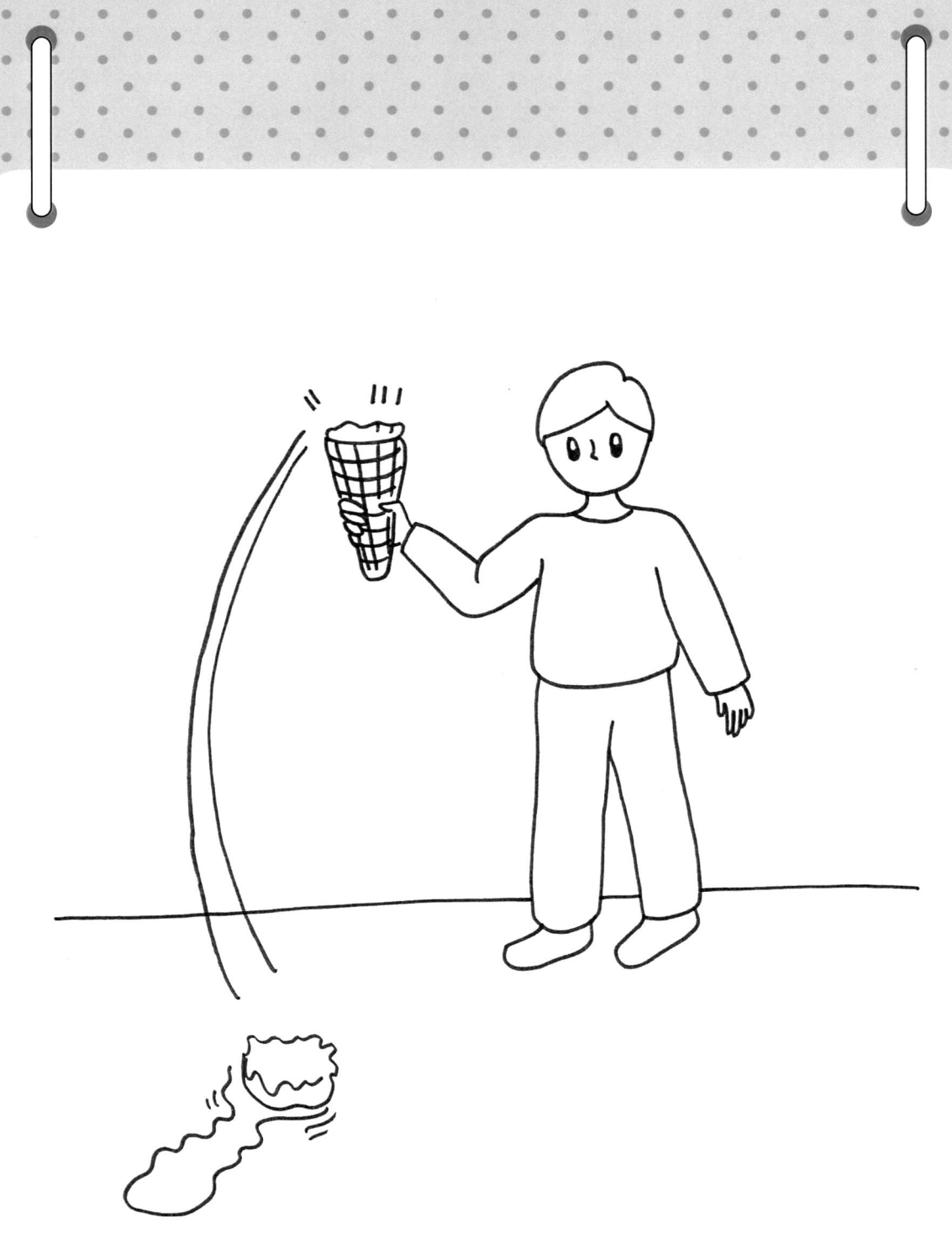

어떻게

18

벨트가 풀려서
바지가 흘러내린 걸 모르고 있었어.
친구의 기분은 어떨까?

어떻게

19

몸 무게를 쟀는데
평소보다 5킬로그램이나 더 나왔어.
친구의 기분은 어떨까?

어떻게

크리스마스 트리 밑에
선물이 없어.
기분이 어떨까?

어떻게

21

주말에 단짝친구와
놀러 갈 상상을 했어.
기분이 어떨까?

어떻게

22

숙제 검사를 하는데
숙제를 집에 놓고 온 걸 알았어.
수미의 기분은 어떨까?

어떻게

23

오늘은 영하 10도야.
그런데 옷을 얇게 입고 나왔어.
서 있는 친구의 기분은 어떨까?

어떻게

? 24

달리기 시합을 하다가 넘어졌어.
넘어진 친구의 기분이 어떨까?

어떻게

25

언니가 인형을 선물해줬어.
동생의 기분은 어떨까?

어떻게

아기가 방안을 어지럽혔어.
그런데 엄마가 오빠(형)를 혼내고 있어.
오빠(형)의 기분은 어떨까?

어떻게

27

미로 찾기를 하는데
도저히 길을 못 찾겠어.
기분이 어떨까?

어떻게

28

반찬이 상추밖에 없어.
민준이의 기분이 어떨까?

어떻게

수학 숙제를 하는데
문제를 못 풀겠어.
친구의 기분이 어떨까?

어떻게

학교에서
친구들이 생일 파티를 해줬어.
생일인 친구의 기분이 어떨까?

어떻게

31

장기자랑을 하는데
갑자기 바지가 벗겨졌어.
민준이의 기분이 어떨까?

어떻게

32

일린 숙제를 하고 있는데
친구들이 밖에서 신나게 놀고 있어.
영주의 기분이 어떨까?

어떻게

?

33

선생님이 내려오시다가
계단에서 넘어지셨어.
친구들의 기분이 어떨까?

어떻게

34

주인이
개껌을 들고 있어.
강아지의 기분이 어떨까?

어떻게

35

학교가 끝나고 집에 가는데
민준이만 친구가 없어.
민준이의 기분이 어떨까?

어떻게

36

수영복을 집에서 입고
수영장에 가려고 해.
엄마는 갈아입으라고 하셔.
아이의 기분이 어떨까?

어떻게

37

수학문제를 푸는데 답을 모르겠어.
친구의 기분이 어떨까?

어떻게

38

지고 있는데 홈런을 쳤어.
야구선수의 기분이 어떨까?

baseball

어떻게

비행기 날개가 부러졌어.
본드로 붙여도 계속 떨어져
수미의 기분이 어떨까?

어떻게

공부를 별로 안 했는데
100점을 맞았어.
찬수의 기분은 어떨까?

어떻게

할머니가 뽀뽀를 해서 립스틱이 볼에 묻었어.
친구들이 이걸 보고 놀려.
소이의 기분은 어떨까?

어떻게

42

할머니의 무거운 짐을 들어드렸더니
할머니가 칭찬해주셨어.
준호의 기분은 어떨까?

어떻게

43

학교에 왔는데
신발을 짝짝이로 신고 왔어.
친구의 기분은 어떨까?

어떻게

급하게 나가다가
문에 손이 끼었어.
민준이의 기분은 어떨까?